Andkohiy | Woyzeck in Jugendsprache!

Asin Andkohiy

Woyzeck In Jugendsprache!

Reclam

RECLAMS UNIVERSAL-BIBLIOTHEK Nr. 14458
2023 Philipp Reclam jun. Verlag GmbH,
Siemensstraße 32, 71254 Ditzingen

Umschlaggestaltung: Philipp Reclam jun. Verlag GmbH
Druck und Bindung: Druckerei C.H.Beck,
Bergerstraße 3–5, 86720 Nördlingen
Printed in Germany 2024

ISBN 978-3-15-014458-9

www.reclam.de

FSC www.fsc.org
MIX
Papier | Fördert gute Waldnutzung
FSC® C019821

DANK

Ich möchte diese Zeilen nutzen,
um meinem Deutschlehrer zu danken:
Vielen lieben Dank, Herr Kollhoff!
Ohne Ihre Unterstützung
und Motivation wäre dieses Manuskript
niemals von mir veröffentlich worden.
Sie haben mir gezeigt, dass man alles
erreichen kann, wenn man daran glaubt.

Asin Andkohiy

Authentizität war Georg Büchner (1813–1837) wichtig. Bewusst setzte er in seinem Drama *Woyzeck* Umgangssprache und Dialekt ein; Auslassungen, Satzbrüche und Ausrufe betonen die Nähe zur Mündlichkeit. Mit nur 23 Jahren starb Büchner – *Woyzeck* blieb Fragment. Asin Andkohiy setzt sein Werk in heutige Jugendsprache um.

Personen

WOYZECK

MARIE

CANO, ihr Kind, etwa einjährig

HAUPTMANN

DOKTO

EMRE, Trainer

FUSSBALLER

ANDRES

MARKTSCHREIER, Ausrufer einer Bude

ALTER MANN

ERSTER AZZLACK

ZWEITER AZZLACK

IDIOT KARL

GROSSMUTTER

ERSTES KIND

ZWEITES KIND

DRITTES KIND

VERKÄUFER

DILARA

DJ

IDIOT

KRIMINOLOGE

Volk, Leute, Studenten, Mädchen

1. Szene

Freies Feld. Die Stadt in der Ferne.
Woyzeck und Andres rollen Garros im Gebüsch.

WOYZECK. Ja Bre, auf den, ich war halt in der Shisha Bar und da war so ein geiles Chick. Sie meinte zu mir lass mal treffen und ich meinte tmm okay. Drei Tage lang haben wir geschrieben, aber dann hatte ich kein Bock mehr auf sie. Ihre Freundin bockt mehr … *(Leise.)* Andres, das sind die Azzlacks aus Kreuzberg, die Azzlacks, hdf jetzt!

ANDRES *(singt).*

Chabos wissen, wer der Babo ist
Hafti Abi ist der, der im Lambo und Ferrari sitzt …

WOYZECK. Oh amk, sei leise!

ANDRES.

Hafti Abi ist der, der im Lambo und Ferrari sitzt
Saudi Arabi money rich.

WOYZECK. Die sind hinter mir, unter mir *(Spuckt auf den Boden.)*, Deggah hörst du? Alles hohl unter mir. Die Azzlacks kommen!

ANDRES. Ich piss mir in die Hose.

WOYZECK. Hmm, iwie ist es so komisch still. Bruder wir müssen richtig leise sein. Andres, Bruder!

ANDRES. Was, Bruder?

WOYZECK. Amk, red doch Lan! *(Starrt in die Ge-*

gend.) Andres! Guck, omg! Einfach Schüsse in der Luft und tote Vögel fallen auf den Boden. Es hört nicht auf! Moruk, guck nicht hin. *(Reißt ihn ins Gebüsch.)*

ANDRES *(nach einer Pause).* Woyzeck, Abi! Hörst du noch was?

WOYZECK. Still, alles still, krass … alles tot.

ANDRES. Bruder? Hörst du, sie schießen noch immer. Wir müssen wegrennen.

2. Szene

Die Stadt.
Marie mit ihrem Bastard am Fenster. Margreth.
Die Fußballmannschaft geht vorbei, ganz vorne der Trainer Emre.

MARIE *(das Kind chillt auf ihrem Arm).* Guck mal, mein Schatz. Da sind die heißesten Männer in town.

MARGRETH. OHA Lan, was ein Mann, voll der stabile.

MARIE. Er steht da in seinen Nikes wie der fresheste Kanack.
(Emre zwinkert.)

MARGRETH. Eywaaa, er hat so baba grüne Augen, so einen findet man nicht immer Sis.

MARIE *(singt).*
Fußballer, bei Gott, das sind die schönsten Jungs …

MARGRETH: Deine Augen … Sis ich sehe es, du bist verknallt.

MARIE. Niemals, Deggah! Ich habe mir geschworen, ich habe keinen Kontakt mehr zu anderen Männern, Woyzeck reicht mir.

MARGRETH. Schwester du? Du bist so ne horny Bitch, nicht wie ich. Du würdest alles nehmen, was zwei Beine hat.

MARIE. Nutte! *(Schlägt das Fenster zu.)* Komm, mein Cano. Lass die Leute reden. Du bist doch mein süßes Kind, ist mir egal, ob du ein Bastard bist. Du machst mich glücklich. Yallah! Yallah! *(Singt.)*

Sis, was machst du jetzt?
Hast ein Baby, aber kein Sugardaddy
Warum denke ich eigentlich daran
Ich werde die ganze Nacht heulen
Skrrr papapa, mein Bre. Eywaa
Kein Hundesohn hilft mir …

(Es klopft am Fenster.)

MARIE. Amk hallo? Franz Askim, bist du da? Komm Habibi, ich habe gekocht.

WOYZECK*:* Ne kann nicht, gehe mit Andres raus.

MARIE: Hä? Wohin gehst du?

WOYZECK *(geheimnisvoll).* Auf den, es war zu viel los in der City. Paar Schießereien und so, mehr weiß ich auch nicht.

MARIE. Junge!

WOYZECK. Vallah Schatz, die sind mir hinterhergerannt und wollten meinen Kopf rollen sehen. Was soll ich machen, wohin soll ich?

MARIE. Franz!

WOYZECK. Muss jetzt los, hade bye.

MARIE. Der Bre ist immer so high, ich check gar nicht mehr, was der meint, yau. Er hat nicht mal sein Cano geküsst. Er wird noch in der Knapse landen, wenn der so weiter macht. Oh Baby, hast du Angst vor deinem Papi bekommen? Yallah wir gehen schlafen. Seit wann sind die Straßen so dunkel, bei Gott jetzt habe ich selber Angst. *(Geht weg.)*

3. Szene

Buden. Lichter. Volk.

ALTER MANN *(singt, Kind tanzt).*

In einer Welt, wird man mit Schulden geboren
Keine Schuluniform, wir tragen Louis Vuitton.

MARIE. Skrrr papapapa.

WOYZECK. Ayip, ja, der arme Bre, alter Vogel! Armes Kind! Stabiles Kind! Noch hat er keine Schulden bei Tipico … Ey Marie, soll ich dich …?

MARIE. Die Menschen sind so hohl ja, die müssen bisschen mehr auf TikTok aktiv sein, um trendy zu sein. Ach, geile Welt!

AUSRUFER *(vor Bude).* Brüder und Schwestern, guckt mal alle her. Guckt mal diesen Pitbull an, wie wir ihn gezüchtet haben. Guckt, er kann alles, er kann eure Zigaretten rollen und sie alleine anzünden. Eywaa! Ohaaa! Bei Fuß! Guter Junge. Gib Zigarette! *(Er dreht.)* Brüder und Schwestern, hier seht ihr die neuste Züchtung der Pitbulls – Der Kanacken-Terrier!

Diese Rasse ist die neuste auf dem Markt und kann alles in Sekunden zerfleischen. Ihr könnt ihm alles befehlen, ob Zigarette rollen oder den Gegner angreifen. Der Hund kann alles! Yallah, seid nicht schüchtern, kommt und probiert selber.

Er kann sogar mehr als manche von euch. Er ist wie ein Mensch, also seid ihr eher die Haywans, nicht er. Krass, was Tiere heutzutage alles können. Die Tiere werden schlauer, aber die Menschen dümmer.

WOYZECK. Amk, willst du?

MARIE. Tmm. Ich kann nicht glauben, dass der so schlau ist …

(Fußballer. Trainer Emre.)

FUSSBALLER. Ey oha, guck mal. Was eine Chaya.

EMRE. Vallah, was eine Granate, noch nie so einen geilen Körper gesehen. Stell mal vor, ich könnte sie klären …

FUSSBALLER. Ihre Haare so nice glatt bis zum Arsch und ihre Augen so groß. Klär dir Bre.

EMRE. Wenn ich in ihre Augen gucke, sehe ich die Galaxie, Bruder. Lass mal zu ihr.

MARIE. Boah zu hell hier, meine Augen tun weh.

WOYZECK. Ja okay, lass in die Bude rein. Was eine Nacht, Deggah.

(Das Innere der Bude.)

MARKTSCHREIER. Yallah, Habibi, zeig was du draufhast. Zeig den Menschen, was du kannst und sie nicht. Sie sollen sich schämen! Brüder und Schwestern guckt diesen Hund an. …

Zeig den Bres, wie du eine Zigarette rollen kannst.

FUSSBALLER. Ja! Wir brauchen Tabak und Zigarettenpapier. *(Holt beides aus seiner Bauchtasche raus.)* Hier Bruder!

MARIE. Ey, ich will das sehen. *(Sie springt auf den Tisch, Fußballer hilft ihr.)*

4. Szene

Kammer.
Marie sitzt, ihr Kind auf dem Schoß, ihr Handy in der Hand.

MARIE *(guckt sich auf Snapchat an).* Omg, einfach Swarovski-Ohrringe! Er ist so reich. Aber warum hat er sie mir gegeben? Schlaf jetzt, Cano! Sonst klebe ich deine Augen mit Wimpernkleber zu! *(Das Kind versteckt die Augen hinter den Händen.)* Yallah, zumachen, sonst kommt ein Monster. *(Singt.)*

Schlaf, Kindlein, schlaf
Deine Mutter ist nicht brav
Dein Vater ist gerade in der Shisha-Bar
Ja, mein Sohn, das ist wahr

(Guckt wieder auf ihr Handy.) Safe, das sind richtige Diamanten! Ich bin so eifersüchtig auf die Weiber, die Sugardaddys haben, die bekommen alles, was die wollen. Urlaub in Dubai, Gucci-Taschen, Dior-Lippenstift ... Man, amk, ich will auch, aber nein, mein Freund ist arm. Er schenkt mir nicht mal Aufmerksamkeit, ich verlang nicht mal viel von dem Vogel. – *(Das Kind steht auf.)* Oh, Junge, nerv nicht, schlaf jetzt. Ich bin auch müde, habe kein Bock mehr, *(Sie guckt auf ihr Handy.)* mach deine Augen zu oder du kriegst iPad-Verbot.

(Woyzeck kommt rein, hinter Marie.)
(Sie verdeckt ihre Ohren.)

WOYZECK. Was ist da?

MARIE. Hä, was meinst du Schatz?

WOYZECK. Warum glänzt dein Ohr?

MARIE. Junge bist du blind oder hast du zu viel getrunken?

WOYZECK. Hast du dir Swarovski-Ohrringe gekauft?

MARIE. Ach so, die meinst du, die habe ich von Leyla bekommen.

WOYZECK. Ah, okay, tmm. Ich glaub dir, Schatz. Schläft Cano schon? Wenn nicht, kneif ich kurz, dann pennt er ein. Warum schwitzt er so? Ist er krank geworden? Bei Gott, wenn der schon wieder krank ist ... Ich habe kein Geld mehr für diesen scheiß Fiebersaft. Kein Geld, immer Minus, amk.

MARIE. Tmm, Schatz, ich kriege das schon hin.

WOYZECK. Ich muss jetzt wieder los mit Andres Tipico. Hade bye, Marie.

MARIE *(allein, nach einer Pause)*. Scheiße man, ich bin so eine Hure, ich habe meinen Freund eiskalt angelogen. Ich bringe mich noch selber um. Was wenn er herauskriegt, dass ich gelogen habe? Alles scheiße man. Kein Bock mehr ...

5. Szene

Der Hauptmann. Woyzeck.
Hauptmann auf einem Stuhl. Woyzeck verpasst ihm einen neuen Cut.

HAUPTMANN. Ey, Deggah, Woyzeck, mach mal langsam, ja. Ich kotz sonst gleich. Warum arbeitest du heute so schnell Bre? Ich will nicht so früh nach Hause ... bekomme da nur Kopfschmerzen. Du lebst noch genug, mach mal langsam jetzt.

WOYZECK. Tmm, Bre.

HAUPTMANN. Vallah nh, wenn ich daran denke, dass die Welt noch weiter geht, nachdem wir tot sind ... Ich bekomme iwie Gänsehaut. Deswegen, Bruder, genieß jeden Moment. Wenn ich so nachdenke, ist alles hier nur Zeitverschwendung, Mann.

WOYZECK. Ja, Bre.

HAUPTMANN. Junge, Woyzeck, was ist los mit dir? Du bist doch eigentlich voll der Ehrenmann, rede doch mal. Erzähl, wie findest du das Wetter?

WOYZECK. Ja, auf den, voll Wind so.

HAUPTMANN. Ja, Mann, hast recht, bin auf dem Weg hierher fast weggeflogen. Voll so ein Süd-Nord-Tornado, nh?

WOYZECK. Ja genau, Süd-Nord so.

HAUPTMANN. Junge, hahahahaha, mieser Lachflash

gerade. Du bist so dumm man, einfach hohl im Kopf. Eigentlich bist du voll der Gute, vallah, aber du bist bisschen ehrenlos so. Auf den, halt ehrenlos. Bruder, du hast einfach ein Kind, aber bist nicht verheiratet, dass ist voll ayip. Deine Mutter ist safe voll enttäuscht von dir. Du kommst so in die Hölle …

WOYZECK. Junge, Gott versteht meine Lage, ich habe kein Para, wie soll ich heiraten? Er wird mich nicht in die Hölle schicken.

HAUPTMANN. Hä, amk, was babbelst du, ich verstehe nichts, du machst mir nur noch mehr Kopfschmerzen.

WOYZECK. Verstehst du mich nicht, Mann? Ich bin broke, einfach broke. Ich werde niemals aus diesem Drecksloch rauskommen können, sogar im Himmel werde ich ackern müssen.

HAUPTMANN. Junge, Junge du bist einfach voll bodenlos, ein bodenloser Mann. Wird, Mann, du musst ein Ehrenmann werden. Du bist so ein Guter, komm endlich aus deinem Loch raus.

WOYZECK. Ja klar, du kannst reden. Du hast ja auch Geld, du bist reich. Vallah, stell dir mal vor, ich hätte einen Benz, nh Rolex und ein Haus. Dann könnte ich auch ein Ehrenmann werden, aber zu mir passt das Ganze nicht, ehrenvoll sein. Ich bin halt broke.

HAUPTMANN. Ja, tmm, okay du bist schon gut, so wie du bist. Chill mal aber bisschen, du bist immer so auf 180. Brauche jetzt nh Pause und du auch. Yallah, geh home.

6. Szene

Kammer.
Marie. Emre.

EMRE. Marie, Babe!

MARIE *(checkt ihn ab, ist heiß).* Zieh mal dein T-Shirt aus. Boah, du hast so ein Sixpack, so einen baba Körper, wie ein Bodybuilder. Ich habe keinen in der ganzen City gesehen, der so stramm ist wie du, Babe. Ich liebe dich.

EMRE. Hahaha, ich hole mir nächste Woche eine Rolex und neue Nikes, dann sehe ich noch viel fresher aus, glaub mir, Babe. Dann wirst du mich sehen und denken: Ja der Emre ist der Geilste in town.

MARIE. Ahhh, natürlich *(Geht zu ihm.)* OHA!

EMRE. Guck dich mal an … vallah, krassestes Chick in ganz town. Willst du mich bisschen näher kennenlernen? *(Er zieht sie zu sich.)*

MARIE *(nervös).* Hmm, ich weiß nicht.

EMRE. Wildes Ding.

MARIE *(ändert Meinung).* Haha, hahaha …

EMRE. Ich wusste, dass du so eine bist.

MARIE. Ja normal, du bist halt ein richtiger Mann.

7. Szene

Auf der Gasse.
Marie. Woyzeck.

WOYZECK *(sieht Marie an, schüttelt den Kopf).* Hmm, ich sehe nur schwarz, ich sehe nicht! Ich will es endlich sehen und es richtig zusammenschlagen.

MARIE *(verwirrt).* Lan, was hast du? Hast du wieder zu viel gekifft? Du machst mir Angst.

WOYZECK. Ich rieche es … Irgend jemand war eine fette Bitch und war ayip. Marie, du Hässliche, ich dachte, du wärst unschuldig. Nein, nein, ich sehe deinen roten Körper. Soll ich es deiner Familie erzählen?

MARIE. Franz, du, du hast zu viel gekifft, hör auf jetzt.

WOYZECK. HDF, niemals, alle haben es gesehen …

MARIE. Du bist verwirrt, ich glaube heute war alles zu viel für dich. Du musst schlafen, Bae.

WOYZECK. Ich habe ihn gesehen.

MARIE. Wo hast du ihn gesehen? Hier auf der Welt oder auf TikTok?

WOYZECK. Junge, auf dieser Welt mit meinen Augen.

MARIE. Laber keinen Scheiß.

8. Szene

Beim Doktor.
Woyzeck. Doktor.

DOKTOR. Und schon wieder dasselbe? Ein Mann ein Wort.

WOYZECK. Was los, Doc?

DOKTOR. Ich habe dich erwischt, schon wieder. Du hast gestern gegen die Wand uriniert, wie ein Hund. Ich bezahle dich doch, was ist dein Problem? Benimm dich! Die Jugend von heute …

WOYZECK. Ich musste halt pissen. Was soll ich machen? Warten, bis meine Blase platzt?

DOKTOR. Pissen, ja klar, pissen, pissen … Was ist das bitte für ein asozialer Ausdruck! Außerdem platzt die Vesica urinaria nicht so schnell. Die Blase wäre geplatzt, ja, ja …
Du bist doch nicht wie ein Tier, welches sofort urinieren muss. Junge, du hast einen eigenen starken Willen! Der Mensch kann frei entscheiden, aber sollte sich an Normen halten. Den Harn nicht halten können! *(Schüttelt den Kopf, legt die Hände auf den Rücken und geht auf und ab.)*
Hast du heute eigentlich schon zwei Liter Cola getrunken? Ich muss herausfinden, was passiert,

wenn Menschen nur Cola trinken. Woyzeck, willst du wieder »pissen«? Geh mal bitte aufs WC und probiere es aus.

WOYZECK. Ich muss nicht.

DOKTOR. Natürlich nicht, aber an die Wand schon, oder? Ich wollte gerade mein Buch über innere Anatomie lesen, da sah ich dich an die Wand urinieren. Wen willst du auf den Arm nehmen, WOYZECK? Ich werde unseren Vertrag auflösen, dann bekommst du gar kein Geld mehr. *(Schreit.)* Sag nun, willst du weitermachen?
Ich darf nicht temperamentvoll reagieren, sonst steigt meine Hypertonie an. Das ist sehr ungesund, sehr ungesund. Woyzeck, hörst du? Man muss seinen Körper hüten, bevor es zu spät ist. Was halte ich dir eigentlich einen Vortrag über Gesundheit. Du verstehst sowieso nichts, ich meine, du urinierst gegen eine Wand!

WOYZECK. Herr Doktor, ich verstehe noch viel mehr als Sie ... Wenn ich pissen muss, dann pisse ich, ganz einfach. Da muss ich nicht warten, so ist die menschliche Natur. Wenn ich Bock auf ne Zigarette habe, dann rolle ich eine, easy! Was machen Sie hier Film, yau?

DOKTOR. Er philosophiert wieder ...

WOYZECK. Haben sie schon mal von den Azzlacks gehört? Wenn nachts die Sonne untergeht, dann kommen sie raus und bringen alles um … Boom! Die sind sehr xatar, glauben Sie mir.

DOKTOR. Er hat eine Aberratio … Woyzeck mein lieber, bist du noch Friseur und rasierst den Hauptmann fleißig?

WOYZECK. Natürlich.

DOKTOR. Und die Cola?

WOYZECK. Natürlich, das Geld kriegt mein Babe und mein Cano.

DOKTOR. Und der freiwillige Dienst?

WOYZECK. Joa.

DOKTOR. Ein sehr interessanter Patient, mal gucken, wie er sich halten wird.

9. Szene

Straße.
Hauptmann. Doktor. Hauptmann ist aus der Puste, hält an, sieht sich um.

HAUPTMANN. Herr Doktor, helfen Sie mir! Die Azzlacks aus Kreuzberg verfolgen mich, nur weil ich meine 10 Cent zurückhaben wollte. Diese widerlichen Wesen! Letztens wollten sie eine Dame schlagen, natürlich bin ich dazwischen gegangen und habe einen Schlag abbekommen. Ich wollte nur ein guter Mensch sein, ein guter Mensch. Nun ist mir extrem schwindelig und ich denke mein Herz fällt mir in die Hose. Herr Doktor, was ist nur los mit mir …

DOKTOR. Hmm, na ja, ihr Körper gibt ungewöhnlich viel Perspiratio insensibilis ab. Adipositas haben Sie auch und einen angeschwollenen Hals … Herr Hauptmann, Sie könnten in den nächsten Tagen einen Schlaganfall bekommen. Natürlich heißt das nicht, dass Sie sterben, es kann auch sein, dass sie einseitig gelähmt sein werden. Natürlich wird dies nicht auftreten, wenn sie ab heute an meinem neuen Experiment teilnehmen. Im Falle, dass Sie sterben werden, würde ich gerne wissen, ob ich ihre Leiche …

HAUPTMANN. Hallo? Sie machen mir Angst, Herr Doktor! Wenn ich sterben werde, dann wegen Ihnen. Sie machen mich gerade sehr nervös, mein Puls ist auf 180.

DOKTOR. Wer ist das? Hauptmann, das ist doch der dumme Woyzeck!

HAUPTMANN. Oh ja, der dumme Woyzeck …

(Woyzeck kommt die Straße heruntergerannt.)

HAUPTMANN. Hey, Woyzeck, was rennst du so schnell an uns vorbei? Bleib doch mal stehen, mein Lieber. Der läuft ja schneller als Usain Bolt, hahaha, der will einen neuen Weltrekord aufstellen. Woyzeck du warst aber nicht mehr beim Barber? Wie siehst du denn aus?

DOKTOR. Ein sehr langer Bart, ungewöhnlich an deinem Gesicht, Junge. Steht dir nicht so gut … Siehst damit so alt aus.

HAUPTMANN. Vielleicht gefällt der Bart ja seiner Frau, seinem Babe. Ich meine Emre hat auch einen richtig schönen, prächtigen, vollen Bart. Nun möchte der Woyzeck auch einen, um seiner braven Frau zu gefallen. Nicht wahr, Woyzeck?

WOYZECK. Ehm, ja … Hä, Deggah, was meinst du, du Hund?

HAUPTMANN. Was guckst du so? Ich sag doch nur die Wahrheit, du hast schon so viel gekifft, dass du nichts mehr verstehst. Dein Gehirn schrumpft.

Achte mal auf die Lippen, kleiner Tipp für dich. Ach, ach, die Liebe … Sie ist so böse. Oha, du bist ja so weiß, wie Kokain.

WOYZECK. Junge, was laberst du? Ich bin arm und dumm, ich kann das alles nicht mehr. Diese Welt ist grauenhaft, also verarsch mich nicht.

HAUPTMANN. Ich? Ich bin doch immer ehrlich und ernst, das weißt du doch!

DOKTOR. Woyzeck, dein Puls, dein Puls. Dein Herz fällt ganz komisch – Herzstolpern.

WOYZECK. Mir ist heiß, obwohl die Erde kalt ist. Eiskalt, aber die Hölle ist auch kalt. Was bin ich für ein Mensch, kein guter!

HAUPTMANN. Junge, du redest so, als würdest du dich gleich selber abknallen. Willst du dich umbringen? Brauchst du eine Waffe? Du bist eigentlich voll der korrekte Typ. Auf ernst jetzt, voll der Gute …

DOKTOR. Gesichtsmuskeln angespannt, Schweiß, zittert, komische Haltung.

WOYZECK. Ich muss schnell gehen. Es passiert gerade zu viel, ich weiß von nichts. Der Mensch! Guck mal, die Sonne, Hauptmann. Sie verbrennt uns alle, amk. Guck einfach, morgen komme ich mit einer Kalaschnikow. Hauptmann, was sagst du? Heute Shisha-Bar? Lass mal rauchen gehen. Ich will nachdenken. *(Geht mit breiten Schritten ab, erst langsam, dann immer schneller.)*

DOKTOR. Er ist mir ein Rätsel, der Woyzeck.

HAUPTMANN. Ich habe Kopfschmerzen bekommen, er redet so komisch, Mann. Der wechselt seine Themen immer so schnell. Der arme Mann, wenn der nur wüsste, was gerade alles hinter seinem Rücken abgeht.

10. Szene

Der Hof des Doktors.
Studenten unten, der Doktor am Fenster.

DOKTOR. … Liebe Studenten, seht her! Jetzt werde ich diese Katze aus dem Fenster schmeißen. Bitte notiert euch den Winkel, in dem die Katze auf dem Boden aufkommt und wie ihre Körperhaltung beim Fall ist. Na, guck mal, Woyzeck! Woyzeck, komm her!

WOYZECK. Doktor, sie hat meine Hose zerrissen.

DOKTOR. Stell dich doch nicht so an! Sie würde nicht mal einer Maus was antun.

WOYZECK. Bist du bescheuert! Ich piss mich gleich ein.

DOKTOR *(lacht)*. Haha, hahaha, ach wie lustig, Woyzeck. *(Reibt sich die Hände. Er nimmt die Katze.)* Diese Katze hat einen sehr besonderen Reflex. Sie haben einen Stellreflex, wenn sie fallen, dann stehen sie aufrecht. Na ja, guckt euch mein eigenes Menschenexperiment an. Dieser Mann trinkt seit zwei Jahren nur Cola. Guckt euch sein Hautbild an und spürt seinen Puls. Die Pupille ist weit und das Herz schlägt ungleichmäßig.

WOYZECK. Doktor, mein Kopf, ich kipp um, amk … *(Er setzt sich.)*

DOKTOR. Jetzt stell dich nicht so an! Nur noch drei Monate, dann hast du es geschafft. Fühlt seinen Puls und schreibt euch Auffälligkeiten auf. *(Sie betasten ihn.)*

Ach Woyzeck, zeig den Studenten deine Zähne. Er hat einen auffälligen Kiefer.

WOYZECK. Ohhh. Doktor …

DOKTOR. Soll ich dein Maul mit meinen eigenen Händen selber öffnen? Willst du wie ein Tier behandelt werden? Ihr seht, wie launisch der Patient geworden ist. Woyzeck hattest du schon immer so wenig Haare auf dem Kopf? Oder hast du in diesen zwei Jahren Alopecia bekommen? Es könnte an dem Koffein und Zucker in der Cola liegen.

11. Szene

Die Wachstube.

ANDRES (singt).

Egal ob reich oder pleite
Diese Frau bleibt an meiner Seite
Sie fickt mein'n Kopf mit dem iPhone …

WOYZECK. Bruder!

ANDRES. Was, amk?

WOYZECK. Baba Wetter.

ANDRES. Ja, vallah, sehr nices Wetter heute. Freitagabend … paar geile Chicks geklärt, die waren ehrlich eine 11/10.

WOYZECK *(unruhig)*. Tanz, sie tanzt, ich spür's.

ANDRES. Im Club neben Kanacken.

WOYZECK. Tanz, Tanz.

ANDRES. Ich? Okay.

Nach ein paar Ballons tanzt sie Sexy Balance
Die Kleine will mein'n – …

WOYZECK. Bruder, mir geht's irgendwie nicht gut.

ANDRES. Hä!

WOYZECK. Ich muss raus. Es ist zu heiß man. Ich kipp gleich weg, was war in diesem Gras drin, amk? Scheiße, Andres!

ANDRES. Wohin?

WOYZECK. Keinen Plan, muss weg.
ANDRES. Ach.
WOYZECK. Ich muss raus, hier ist es zu heiß.

12. Szene

Wirtshaus (Club).
Die Fenster offen, Tanz. Bänke vor dem Haus.

ERSTER AZZLACK.
Habe ne Gucci Cap auf, die gehört nicht mir,
Meine Seele schwebt zu dir …

ZWEITER AZZLACK. Bruder, wie lange willst du noch warten, sie wird dich nicht ansprechen. Yallah, jetzt! Zieh durch jetzt und sei kein Weichei. Sonst gehe ich gleich zu ihr rüber und kläre ihre Nummer.

ERSTER AZZLACK. Meine Seele, meine Seele … sie will zu dir. Ich bin so auf LSD, ahhhh. Ich sehe so viele schöne Chayas, ich bin im Paradies. Mir geht's Hayat. Ich wünschte ich hätte jetzt Red Bull in der Hand und in der anderen Jack Daniels.

ANDERE *(im Chor).*
Bruder sag ma' ehrlich, wer will kein'n dicken Benz?
Veysel schreibt die Hooks besser als 50 Cent
Schon okay …
Jeden Tag geile Partys!
(Woyzeck stellt sich ans Fenster. Marie und Emre tanzen, ohne ihn zu bemerken.)

MARIE *(im Vorbeitanzen).* Oha, Emre. Schneller! Tanz schneller!

WOYZECK *(erstickt).* Schneller! – Schneller! *(Schreit und fällt zurück auf die Bank.)* Schneller, immer schneller, *(Schlägt die Hände über den Kopf.)* dreht euch, fasst euch an. Bei Gott sogar, Gott sollte alle Weiber und scheiß Fußballer sterben lassen, die so fremdgehen. Das ist ein Zeichen für das Ende der Welt. Die Zeit ist gekommen. Chayas! Drecks Chayas! Sie ist nur horny, horny! Schneller, schneller. *(Rastet aus.)* Der Hund! Ich raste aus! Guck wie er sie anfasst, amk!

ERSTER AZZLACK *(predigt auf dem Tresen).* Was wäre, wenn wir alle unsere Abende in einer Bibliothek verbringen würden? Wären wir dann bessere Menschen oder sollten wir lieber weiter Weiber … *(Kippt um und schläft ein, zu viel Alkohol getrunken.)*

13. Szene

Freies Feld.

WOYZECK. Schneller! Schneller! Amk mein Kopf. *(Schlägt sich gegen den Kopf)* Ey, was sagst du? Ich soll sie erstechen? Stich, stich, nochmal, meine Chaya, Marie? Stich, stich Chaya tot. Ich will? Ich muss meine Ehre als Mann retten? Tmm, okay … Stich, stich Marie tot.

14. Szene

Nacht.
Andres und Woyzeck in einem Bett.

WOYZECK *(schüttelt Andres).* Bruder! Bruder! Junge ich kann einfach nicht einpennen, immer wenn ich denke, ich schlafe, fängt mein Kopf an Breakdance zu machen. Ich hör den Boden, er ruft, schneller, schneller und die Flaschen reden … Hörst du nichts?

ANDRES. Oh man, lass die doch tanzen! Es wird alles gut. *(Schläft wieder ein.)*

WOYZECK. Da, noch immer redet es: Schneller! Schneller! Er hat mir gerade einen Uppercut gezogen. Ich bums dich.

ANDRES. Deggah, was hast du wieder geraucht? Nimm mal ne Ibu, dann geht's dir besser.

15. Szene

Wirtshaus (Club).
Emre. Woyzeck. Leute.

EMRE. Vallah, ich bin so ein stabiler Pascha! *(Schlägt sich auf die Brust.)* Ein Mann, Deggah.
Na, wer will Stress? Wer traut sich, hmm? Kommt ihr Jockels, probiert euer Glück. Ich warne euch, ich war Kämpfer bei UFC und kann eure Nase kaputtschlagen. Ich will – *(Zu Woyzeck.)* ihn da, der da halb umkippt. Trink mal nicht so viel Bruder, du hast ein Kind zu Hause …

WOYZECK *(spuckt ihn an)*.

EMRE. Hey, du B******! Ich reiße dir gleich deine Beine raus und schicke dich schlafen. Na, willst du? *(Sie kämpfen, Woyzeck verliert.)* Du Weichei, ich übertreibe es lieber nicht, sonst komme ich noch in Haps.

WOYZECK *(setzt sich auf die Bank und zittert)*.

EMRE. Weg mit dir, du Loser. Gib mir mal Wodka, schnell ich brauche Wodka!

EIN FUSSBALLER. Der hat ihm gegeben.

ANDERE. Oha, Lan, er blutet.

WOYZECK. Aua, ahh.

16. Szene

Kramladen.
Woyzeck. Verkäufer.

WOYZECK. Wie viel kostet die Pistole? Oha, zu teuer, Lan.

VERKÄUFER. Abi, bitte, kauf oder geh.

WOYZECK. Wie viel das Messer?

VERKÄUFER. Gute Qualität. Abi, willst du dich umbringen? Wofür brauchst du? Ich gebe dir für einen guten Preis. Aber bitte nicht umbringen. Das ist haram. Erzähl, wofür brauchst du.

WOYZECK. Für Brot, Abi, Brot!

VERKÄUFER. Okay, für dich 5 Euro.

WOYZECK. Danke! *(Geht.)*

VERKÄUFER. Ach, ach … komischer Typ. Was will der mit Messer?

17. Szene

Kammer.
Marie. Der Idiot.

MARIE *(blättert in der Bibel).* »Und ist kein Betrug in seinem Munde erfunden.« – Oh mein Gott! Ich schäme mich, bei Gott sogar! *(Blättert weiter.)* »Aber die Pharisäer brachten ein Weib zu ihm, im Ehebruch begriffen, und stellten sie in's Mittel dar. – Jesus aber sprach: So verdamme ich dich auch nicht. Geh hin und sündige hinfort nicht mehr.« *(Wirft die Hände vor das Gesicht.)* Oh Gott! Oh Gott! Ich bin zu schwach. Oh Gott! Gib mir die Kraft zum Beten. *(Das Kind kuschelt sich an sie.)* Cano, gibt mir Kraft. Ich liebe dich Karl, du bist mein Ein und Alles.

IDIOT *(erzählt eine Geschichte).* Da ist er nun, der junge Mann, ganz alleine und ohne Sieg. Er hat verloren sein junges Weib und leider auch sein eigener Leib. Ach du armer Mann, ach du armer Mann. Komm Kindlein, wir schlafen ein! *(Er nimmt das Kind.)*

MARIE. Wo ist Franz die ganze Zeit, er geht nicht Facetime ran und auf Wo ist? finde ich ihn auch nicht!
»… und trat hinten zu seinen Füßen und weinte

und fing an, seine Füße zu netzen mit Tränen und mit den Haaren ihres Hauptes zu trocknen, und küsste seine Füße und salbte sie mit Salben.« *(Schlägt sich auf den Kopf.)* Ich bin so eine schlechte Freundin, ich Schlampe!

18. Szene

Kaserne.
Andres. Woyzeck kramt in seinen Sachen.

WOYZECK. Bruder, hier nimm mein Poloshirt. Ich werde es nicht mehr brauchen, ah und meine Gucci-Bauchtasche plus meine neuen Nikes kriegst du auch. Dir gönne ich alles, Bruder. Hier noch eine Königskette und ein Ring meiner Mutter. Den Ring habe ich immer bei mir, in der Bauchtasche. Leider ist meine süße Mutter nicht mehr bei mir. Ich kann nicht ohne sie.

ANDRES *(verwirrt und kalt).* Danke …

WOYZECK *(holt Papier raus).* Ali Hassan Franz Woyzeck, Drogendealer, Schüler der Berufsschule in Klasse B3, arbeitslos. Geboren am 1.1.2000 in Berlin.

ANDRES. Ali, ich mache mir Sorgen, vallah. So kommst du mir noch in die Klapse. Oh, du hast ja Fieber! Nimm die hier, dann hast du kein Fieber mehr.

WOYZECK. Andres, krank ist nur der Mensch, der es denkt. Ich bin gesund, du bist krank. Gott möge uns rechtleiten.

19. Szene

Marie mit Mädchen vor der Haustür.

MÄDCHEN.

Es hing am Bein des Kanacken
Ein ganzer Schwarm von Kakerlaken,
Denn lebt er in der eigenen Kacke
Entspricht das sehr seiner Arschbacke,
Er versuchte natürlich viel,
Aber hart arbeiten war für ihn nie ein Deal.
Er ist faul und immer pleite,
Verbringt aber jeden Abend in der Kneipe.

ERSTES KIND. Was ist das bitte?

ZWEITES KIND. Du hast immer ein Problem, du Nervensäge.

DRITTES KIND. Immer fängst du an.

ZWEITES KIND. Ich?

ERSTES KIND. Ja, du!

ZWEITES KIND. Du bist dumm.

DRITTES KIND. Wer will was singen? *(Schaut seine Geschwister an.)*

ERSTES KIND. Ich kann nicht.

ALLE KINDER. Marie, deine Stimme ist schön. Sing du!

MARIE. Na gut, kommt her. Großmutter erzählt euch was!

GROSSMUTTER. Es war einmal eine sehr schlechte Mutter, die ihren liebevollen und fürsorglichen Mann mit einem reichen Fußballspieler betrog. Diese Mutter hatte sogar ein kleines Kind, aber das störte sie in keinerlei Hinsicht. Sie war besessen von dem Geld und den schönen Geschenken. Natürlich hat sich die arme Frau schuldig und schlecht gefühlt. Dennoch fand sie die materiellen Dinge viel attraktiver. Nach einer Weile hat ihr Mann bemerkt, dass etwas faul ist und hat versucht, sie zu entlarven. Die Frau hat jedoch jeden Vorwurf abgestritten. Ihr Mann wurde dadurch psychisch sehr labil und hatte Mordgedanken. Er hörte Stimmen, Stimmen, die ihm schlimme Dinge zuflüsterten …

WOYZECK. Marie!

MARIE *(erschreckt)*. Was ist!

WOYZECK. Marie, komm sofort mit. Jetzt!

MARIE. Wohin Schatz?

WOYZECK. Ist eine Überraschung.

20. Szene

Abend. Die Stadt in der Ferne.
Marie und Woyzeck.

MARIE. Schatz, es ist voll dunkel hier.

WOYZECK. Beruhig dich mal jetzt. Hier setz dich.

MARIE. Schatz, Cano, schläft. Ich muss nach Hause.

WOYZECK. Schatz, du willst doch jetzt nicht alleine zu Fuß nach Hause laufen?

MARIE. Awww, du hast recht. Ich bleibe bei dir.

WOYZECK. Weißt du, wie lange wir jetzt schon zusammen sind …?

MARIE. Omg, Babe, willst du mir einen Antrag machen? JA ICH WILL!

WOYZECK. Nein, nein … chill mal. Auf jeden Fall werden wir nicht mehr lange zusammenbleiben können.

MARIE. Hää? Ehmm, ich muss zu Hause das Essen machen. Ich gehe jetzt.

WOYZECK. Hey … Bleib hier. Ist dir kalt oder bist du heiß, so wie in der Nähe von Emre. Deine Lippen sind blass geworden, aber in der Nähe von Emre sind sie ganz heiß. Du kleine Hure!
Soll ich dich aufwärmen? Oder macht das später Emre für dich?!

MARIE *(nervös)*. Von, von, von was redest du?

WOYZECK. Nichts.

MARIE. Guck mal, der Himmel …

WOYZECK. Ja, guck mal, so rot wird dein Körper gleich auch aussehen.

MARIE. Ali Hassan Franz Woyzeck, was hast du vor? Dein Herz … es schlägt viel zu schnell. *(Er zieht das Messer raus.)* OMG, AHHHH. Stopp bitte, ich erkläre dir alles! Hilfeee, Hilfe!

WOYZECK. Schneller! Schneller! Stirb endlich du Bitch. Noch ein Stich dafür, dass du mich belogen hast, und noch einer dafür, dass du dich an meinen Freund rangemacht hast. Nimm das! Warum schlägt dein Herz noch? Stirb!!! *(Stößt zu.)* Sie ist tot. *(Es kommen Leute.)*

21. Szene

Es kommen Leute.

ERSTE PERSON. Halt!

ZWEITE PERSON. Hörst du das? Halt mal einmal in deinem Leben kurz die Fresse, Junge!

ERSTE PERSON. Oha, da ich hörs … Was ist das für ein Geräusch?

ZWEITE PERSON. Das Geräusch kommt vom See. Ist da jemand ertrunken? Vielleicht wurde jemand umgebracht? Schnell, wir müssen zum See.

ERSTE PERSON. Oha, du hast recht, als würde gerade jemand sterben …

ZWEITE PERSON. Ich habe Angst, am Ende bringt uns jemand auch noch um. Es ist auch extrem dunkel …

ERSTE PERSON. Komm schnell, das Geräusch wird lauter. Schnell!

22. Szene

Das Wirtshaus (Club).

WOYZECK. Geile Mucke, schneller, tanz immer schneller. Hey, kommt alle her, lasst uns auf diesen schönen Tag anstoßen. *(Singt.)*

Ohne dich, alles egal,
Ich habe Angst, dass du mich vergisst
Ohne Witz, oh wallah, ja
Ja, ich habe dich so sehr vermisst

(Er tanzt.) Ey, Dilara, komm her, lass bisschen tanzen. Du bist so geil, so heiß. Komm her, sag ich! *(Er zieht an ihren Haaren.)* Das Leben ist halt so, ne. Die eine Chaya geht, die andere kommt. Dilara Babe, bitte sei du gut zu mir, sonst … Bleib so, heiß wie Feuer. Sei ein braves Chick.

DILARA *(tanzt).*

Jeder mach Fehler, sogar Adam, Eva
Tut mir leid, doch die Zeit, sie ist nicht drehbar
Ich bin dein Traummann, ja, du liebst einen Gauner
Ganz normal, Baby, dass du kein Vertraun hast

WOYZECK. Nein, ich bin kein Gauner mehr. Das war ich mal, jetzt bin ich stark und furchtlos.

DILARA *(tanzt).*

Ich liebe dich Woyzeck, ich werde dich nie verlassen
Und immer an deiner Seite stehen!

WOYZECK. Genau das! Das will ich hören. Nie verlassen und nie bluten müssen.

DILARA. Ehmm, was ist das?

WOYZECK. Was? Gar nichts!

DILARA. Ist das BLUT? *(Schreit auf.)*

WOYZECK. Blut? Blut?

DJ. OHA, ja, Blut.

WOYZECK. Chillt mal, ich habe mich mit meinem Rasierer geschnitten.

DJ. Du rasierst deine Hände und deine Arme?

WOYZECK. Junge, ich habe es aus Versehen verwischt!

DJ. Ich glaube dir nicht, das ist viel zu viel Blut. Ich rieche eine verstorbene Seele an dir ... Äh, das stinkt unnormal.

WOYZECK. Seid ihr alle bescheuert? Was labert ihr bitte! Ihr denkt also, ich habe jemanden umgebracht, ICH?!? Niemals, niemals ich. Guckt nicht so, ihr Hunde! Ich bin kein Mörder. Ihr seid die Täter! *(Läuft raus.)*

23. Szene

Straße.

ERSTES KIND. Ablaaa, wo bist du? *(Sucht Marie.)*

ZWEITES KIND. Was ist los? Hast du noch nicht davon gehört?

ERSTES KIND. Nein, was ist los?

ZWEITES KIND. Sie haben eine tote Person in der Nähe eines Sees gefunden …

ERSTES KIND. WAS? Wo liegt sie?

ZWEITES KIND. In der Nähe vom Club, komm wir gehen hin.

24. Szene

Abend. Die Stadt in der Ferne.
Woyzeck alleine.

Amk, scheiße! Wo ist das verfickte Messer hin? Wo ist es? Ich habe es doch hier hingeschmissen. Am Ende fliege ich noch auf. Wooooooo ist essss?!?! Was höre ich schon wieder? Marie, bist du es? Halt deine Fresse! Ich habe gar nichts gemacht. Marie sei still! Jetzt, still! Aha, da sie trägt ein schwarzes Band um sich. Awww, na? Wie geht's dir in der Hölle? Du musst jetzt alleine deine Sünden begleichen. Jetzt hast du den Salat. Du siehst so traurig und allein aus. Hast du davon, du kleine Hure! Da, ich sehe es! Alles kalt, alles traurig. Ich habe das scheiß Messer gefunden. Ich werde es mitnehmen und wegschmeißen.
(Er läuft weg.)

25. Szene

Woyzeck an einem Teich.

So hier, haha, haha, jetzt wird es keiner mehr finden. *(Schmeißt das Messer in den Teich.)*
Es sinkt zu Boden und stirbt dort. Die Sonne strahlt auf mich, aber mir ist kalt. Soll ich es Andres erzählen? Ja oder nein? Hmm, ich fühle Dreck an mir und ich stinke nach Gras …
Amk, das Messer muss noch tiefer in den Teich. Was ist, wenn Hunde das Messer riechen und es dann rausholen oder wenn Kinder tauchen? ICH DARF NICHT AUFFLIEGEN. Ich brauche ne Ziese. Meine Nikes sind blutig … egal, ich ziehe sie aus.

26. Szene

Kriminologe.

Was ein geiler, guter Mord. So einen spannenden Fall hatte ich noch nie in dieser Stadt. Wer war wohl der Täter …

27. Szene

Der Idiot. Das Kind. Woyzeck.

KARL *(hält das Kind vor sich auf dem Schoß).* Etwas ist in das Wasser gefallen, wie ist es in das Wasser gefallen, ins Wasser gefallen ist es.

WOYZECK. Cano, komm her.

KARL *(sieht ihn verwirrt an).* Etwas ist in das Wasser gefallen.

WOYZECK *(will Cano umarmen und mit ihm spielen, Cano will nicht).* Junge! Komm doch.

KARL. Etwas ist in das Wasser gefallen.

WOYZECK. Cano, komm, du kriegst ein iPad. *(Cano will nicht und geht zu Karl.)* Yallah Karl, kauf Cano ein iPad.

KARL *(verwirrt).*

WOYZECK. Yeyyy, iPad, yeyyy

KARL. Yeyyy, yeyyy ein iPad für Cano. Yeyyy. *(Läuft mit dem Kind weg.)*

Glossar

Aberratio: (lat.) geistige Verwirrung
Abi: (türk.) älterer Bruder
Abla: (türk.) ältere Schwester
Adipositas: (lat.) starkes Übergewicht
Alopecia: (lat.) Haarausfall
amk: (türk.) Abkürzung für den Ausdruck ›Amina Koyim‹; heftige Beschimpfung
Askim: (türk.) Schatz
ayip: (arab.) schändlich, unwürdig
Azzlack: Wortzusammensetzung aus ›Azz‹ (kuz für ›asozial‹) und ›Lack (kurz für ›Kanacke‹); auch gleichbedeutend mit ›Gangster‹ gebraucht
Babo: (jugendsprachl.) Boss, Chef; Ausdruck wurde vom Rapper Haftbefehl geprägt
Bae: Kosename, Abkürzung von ›Babe‹
bodenlos: mies, unglaublich schlecht
Bonita: (span.) Schöne
Bre: (jugendsprachl.) Bruder
broke: (engl.) arm
Cano: (türk.) Schatz
Chayas: (jugendsprachl.) Mädchen
Chicks: (jugendsprachl.) Mädchen
Chico: (span.) Junge
Cut: (engl.) Haarschnitt
Ehrenmann: eine besonders vertrauenswürdige Person

eywa: Ausruf, ›yeah‹
FaceTime: Videoanruf
Garros: (span.) Zigaretten
Habibi: (arab.) Schatz, Liebling
hade bye: (jugendsprachl.) Mach's gut
Haps: Knast
haram: (arab.) verboten
Hayat: (türk.) Leben
Haywan: (arab.) Tier
hdf: Abkürzung für ›Halt deine Fresse‹
high: (engl.) berauscht sein
horny: (engl.) geil sein
Ibu(profen): Schmerzmittel
Jockel: Idiot
Kalaschnikow: Sturmgewehr
Lan: (türk.) Alter
LSD: Droge
Moruk: (türk.) Alter
Para: (türk.) Geld
Pascha: Mann, der sich verwöhnen lässt
Perspiratio insensibilis: (lat.) übermäßiges Schwitzen
Sis: (jugendsprachl.) Schwester
skrrr papapa: Ausdruck beim Singen
stramm: kräftig gebaut
Sugardaddy: Mann, der seine (meist jüngere) Partnerin mit materiellen Geschenken überhäuft
tmm: (jugendsprachl.) okay

trendy: im Trend
UFC: Ultimate Fighting Championship; Kampfsportorganisation
Uppercut: Schlag von unten, Aufwärtshaken
vallah: (arab.) ich schwöre
vamonos: (span.) lass uns gehen
Vesica urinaria: (lat.) Harnblase
Wo ist?: Ortungsapp
xatar: (kurdisch) gefährlich
yallah: (arab.) schnell, komm
yau: türkischer Slang, Hervorhebung
Ziese: (ugs.) Zigarette

Nachweise der verwendeten Rap-Songs

Wir danken allen im Folgenden aufgeführten Künstlern für die freundliche Abdruckgenehmigung ihrer Songs.

1. Szene: S. 11, Z. 12. f. und Z. 16 f.
Haftbefehl: Chabos wissen wer der Babo ist
Written by: Farhot, Farid Bang & Haftbefehl
(Online: genius.com/Haftbefehl-chabos-wissen-wer-der-babo-ist-lyrics)

3. Szene: S. 16, Z. 4 f.
Veysel: Kleiner Cabrón
Written by: Macloud & Veysel
(Online: genius.com/Veysel-kleiner-cabron-lyrics)

11. Szene: S. 35, Z. 4–6
Dardan: Facetime
Written by: MENJU & Dardan
(Online: genius.com/Dardan-facetime-lyrics)

11. Szene: S. 35, Z. 17 f.
Veysel: Federer
Written by: Veysel, Juh-Dee, young mesh & Kyree
(Online: genius.com/Veysel-juh-dee-and-young-mesh-federer-lyrics)

12. Szene: S. 37, Z. 17–19
Veysel: Besser als 50 Cent
Written by: Fonty & Veysel
(Online: genius.com/Veysel-besser-als-50-cent-lyrics)

22. Szene: S. 51, Z. 17–23
Veysel: Ohne Dich
Written by Veysel, Joachim Piehl, Jopez, Martin Willumeit & DJ Smo
(Online: genius.com/Veysel-ohne-dich-lyric bleibt)

Über die Autorin

Hello guys:) Ich bin Asin Andkohiy, 19 Jahre alt, 2004 in Hamburg geboren und dort auch aufgewachsen. Dieses Jahr (2023) habe ich mein Abitur gemacht und werde voraussichtlich Lehramt studieren.

Ihr wollt wissen, wie es dazu kam, dass ich *Woyzeck* in Jugendsprache umgewandelt habe? Mein Deutschlehrer, Herr Kollhoff, hatte die Idee, dass ich erst einmal eine Szene umwandle und sie meiner Klasse vorstelle. Meine Version fanden alle sehr lustig. Zum Ende der 13. Klasse habe ich dann das ganze Fragment umgeschrieben, und jetzt bin ich hier …

Inhalt